mommy

mamã

daddy

papá

boy

menino

girl

menina

1 one

um

2 two

dois

3 three

três

4 four

quatro

5

five

cinco

6

six

seis

7

seven

sete

8

eight

oito

9

nine

nove

10

ten

dez

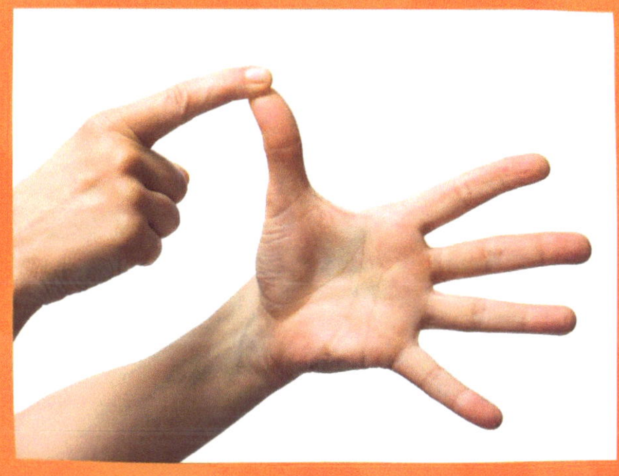

count

contar

write

escrever

draw

desenhar

paint

pintar

circle

círculo

square

quadrado

rectangle

retângulo

triangle

triângulo

star

estrela

black

preto

white

branco

brown

castanho

red

vermelho

blue

azul

yellow

amarelo

green

verde

purple

roxo

gray

cinzento

orange

laranja

pink

rosa

apple

maçã

banana

banana

pineapple

ananás

watermelon

melancia

pear

pera

grapes

uvas

mango

manga

peach

pêssego

strawberry

morango

cherry

cereja

orange

laranja

coconut

coco

lemon

limão

mushroom

cogumelo

corn

milho

tomato

tomate

pumpkin

abóbora

cucumber

pepino

carrot

cenoura

potato

batata

zucchini

curgete

spinach

espinafre

cauliflower

couve-flor

egg

ovo

plate

prato

spoon

colher

knife

faca

fork

garfo

cake

bolo

baby bottle

biberão

candies

doces

cheese

queijo

drink

beber

eat

comer

hot

quente

cold

frio

small

pequeno

big

grande

 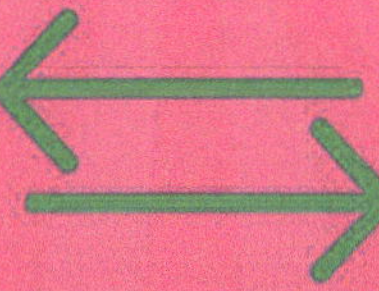

short

curto

long

longo

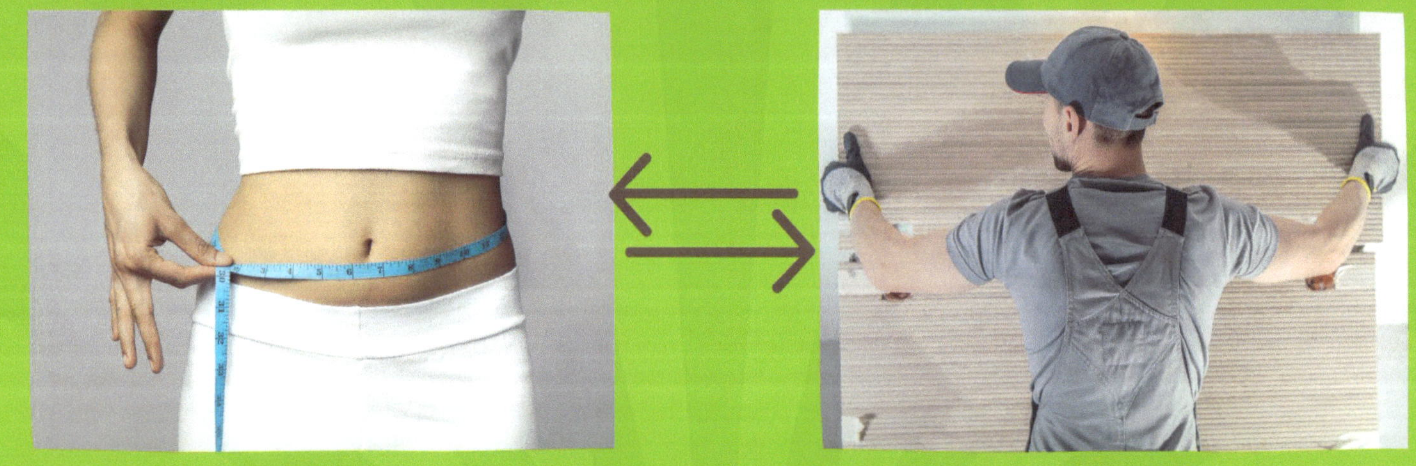

thin

fino

large

grande

easy

fácil

difficult

difícil

stand up

levantar-se

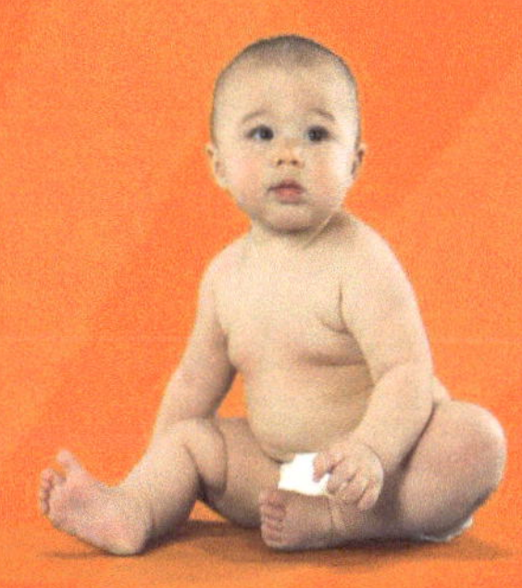

sit down

sentar-se

sweet

doce

salty

salgado

heavy

pesado

light

leve

in

dentro

out

fora

dirty

sujo

clean

limpo

close

fechar

open

abrir

pencils

lápis

clock

relógio

key

chave

book

livro

bed

cama

crib

berço

table

mesa

chair

cadeira

car

carro

bike

bicicleta

plane

avião

boat

barco

train

comboio

helicopter

helicóptero

firetruck

camião dos bombeiros

firefighter

bombeiro

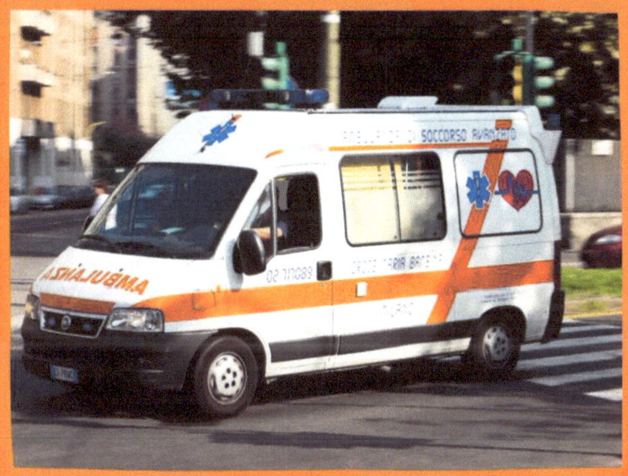

ambulance

ambulância

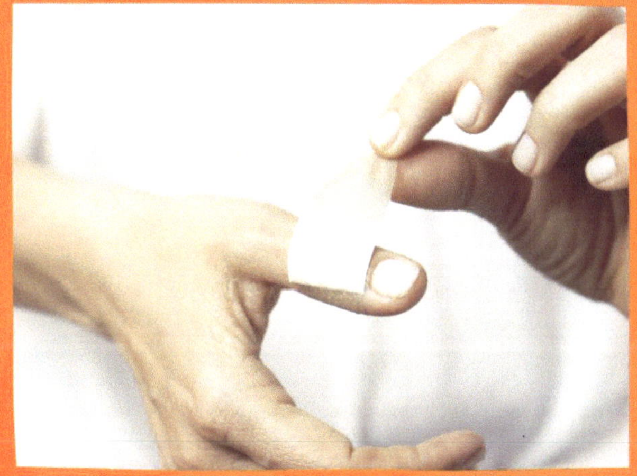

bandage

ligadura

paramedic

paramédico

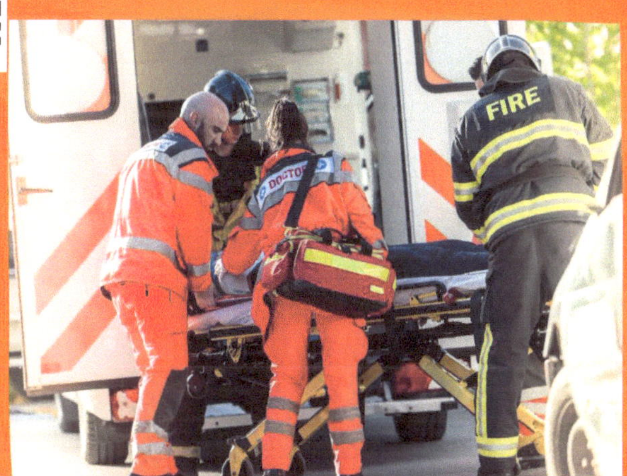

rescue team

equipa de resgate

forest

floresta

mountain

montanha

grass

relva

sand

areia

tree

árvore

flower

flor

butterfly

borboleta

ant

formiga

cat

gato

dog

cão

horse

cavalo

mouse

rato

cow

vaca

pig

porco

sheep

ovelha

duck

pato

goose

ganso

rabbit

coelho

fish

peixe

vet

veterinário

doctor

médico

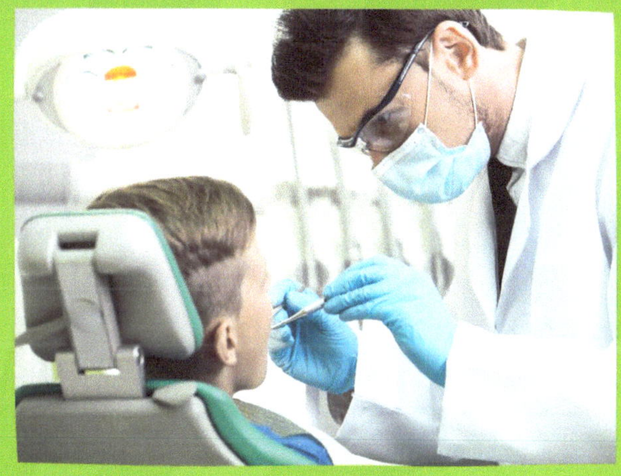

dentist

dentista

pharmacist

farmacêutico

nurse

enfermeira

head

cabeça

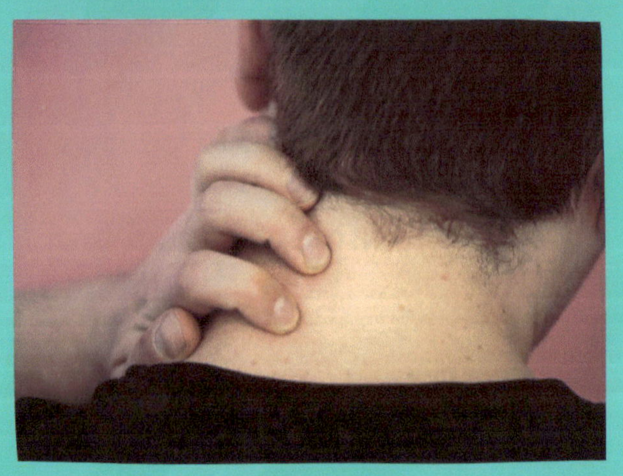

neck

pescoço

foot

pé

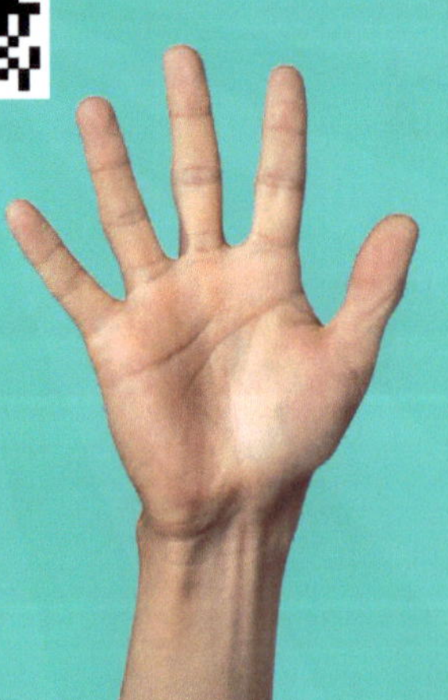

hand

mão

teeth

dentes

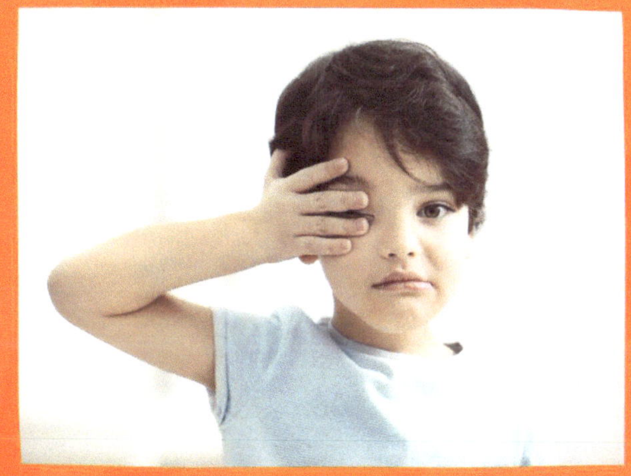

eye

olho

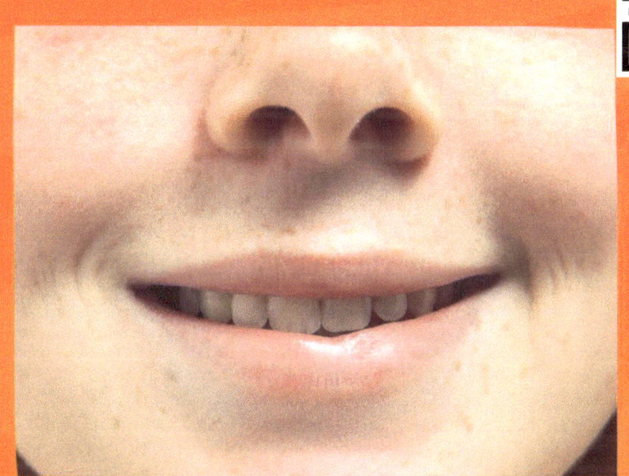

mouth

boca

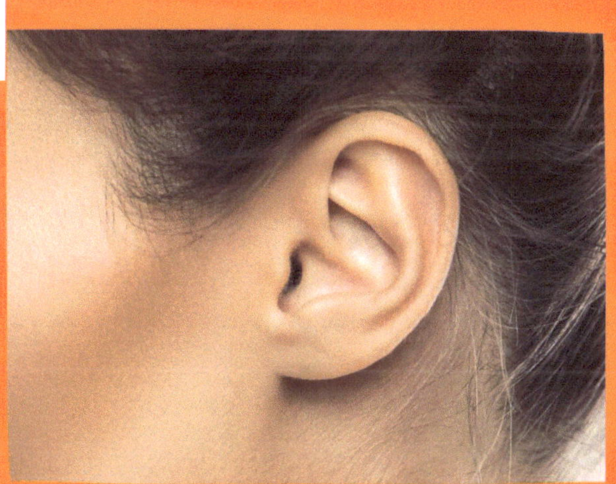

ear

orelha

hat

chapéu

dress

vestido

pants

calças

shoes

sapatos

coat

casaco

scarf

cachecol

umbrella

guarda-chuva

glasses

óculos

sun

sol

cloudy

nublado

rainy

chuvoso

moon

lua